C'était tellement gênant!

101 situations embarrassantes

Racontées par des lecteurs
du club du livre

Texte français de Lucie Rochon-Landry

Couverture de June Bradford

Éditions SCHOLASTIC

Catalogage avant publication de la
Bibliothèque nationale du Canada

C'était tellement gênant! : 101 situations embarrassantes /
racontées par des lecteurs du club de lecture ; texte français
de Lucie Rochon-Landry.

Traduction de: I was so embarrassed.
ISBN 0-439-96672-8

1. Adolescents--Psychologie--Humour. I. Rochon-Landry, Lucie

PN6231.A26I514 2004   155.5'18   C2003-906846-3

Édition publiée par les Éditions Scholastic, 175 Hillmount Road,
Markham (Ontario) L6C 1Z7.

7 6 5 4   Imprimé au Canada   04 05 06 07

C'était tellement gênant!

Avoue que ça t'est déjà arrivé. Tu as déjà dit ou fait quelque chose qui était tellement embarrassant que tu aurais voulu disparaître sous terre. Mais rassure-toi, tu n'es pas seul! Ça arrive à tout le monde, tout le temps. Tu en as la preuve sous les yeux : *C'était tellement gênant!* est un recueil de situations racontées par les gagnants et gagnantes d'un concours lancé par l'un de nos clubs de lecture. De toutes les histoires reçues, nous avons retenu les 101 meilleures. Elles sont vraiment embarrassantes… et drôles. Que ces jeunes aient montré un peu trop de peau, perdu leur sous-vêtement ou égratigné leur amour-propre en tombant, on peut dire qu'ils ont passé un bien mauvais moment.

Alors, la prochaine fois que tu souhaiteras être resté au lit, pense à ces histoires, et dis-toi que les choses pourraient être pires…

Une question de degré...

Nous nous sommes amusés à coter chacune des situations sur une échelle de 1 à 3, selon leur degré de ridicule. Les situations ayant le symbole « Rougir » sont réellement embarrassantes. Celles avec le symbole « Hurler » sont encore pires, et celles qui ont « Disparaître »... eh bien, si le ridicule tuait, ces jeunes ne seraient plus parmi nous!

1. Rougir   2. Hurler   3. Disparaître

En direct
des toilettes!

Crois-le ou non, mais tout le monde a son histoire d'horreur à propos des toilettes, et parfois même, plusieurs histoires. Même si les, hum… fonctions corporelles sont tout à fait naturelles, ce n'est pas quelque chose qui a besoin d'un public. Mais il arrive que les toilettes les plus proches soient beaucoup trop loin ou, au contraire, trop près à notre goût. Et, comme tu le sais, les animaux n'ont pas l'habitude d'utiliser les toilettes; alors, si tu passes près d'une ferme, regarde toujours où tu mets les pieds!

Quel homme?

Quand j'avais 11 ans, j'avais les cheveux longs, et ma mère se plaignait que je n'en prenais pas soin. Elle m'a donc fait couper les cheveux très court. Un jour, on revenait d'un voyage en Floride au mois de mars, et j'étais seule dans les toilettes des femmes, à l'aéroport. Une femme de ménage est entrée pendant que je me lavais les mains. Elle m'a regardée et s'est mise à crier : « Es-tu un homme? Es-tu un homme? » Je n'étais évidemment pas un homme. Seulement une fille aux cheveux très courts. Mais j'ai trouvé ça tellement gênant que je suis sortie en courant,

3

sans prendre le temps de me sécher les mains! J'ai tout de
suite commencé à laisser repousser mes cheveux!

—Amanda L.

Route panoramique

Un jour, je suis allée avec ma mère dans son
champ de bleuets qui se trouve près de l'autoroute. Il y
avait beaucoup de personnes qui ramassaient des bleuets
pour elle. J'avais passé presque toute la journée là-bas, et
j'avais vraiment besoin d'aller aux toilettes, mais il n'y
en avait pas à proximité. Je ne voulais pas mouiller mon
pantalon, alors je suis allée à l'autre bout du champ.
Après quelques minutes, ma mère est venue voir ce que
je faisais. Je lui ai dit : « Je suis venu ici pour que les gens
dans le champ ne me voient pas faire pipi. » Ma mère m'a
alors expliqué que toutes les personnes qui passaient sur
l'autoroute, elles, m'avaient vue. J'ai trouvé ça tellement
gênant!

—Brandy R.

Petit sac, que fais-tu là?

C'était le jour du concert de la sixième année.
Après l'école, je me suis dépêchée de manger et de
promener mon chien. Les parents de mon amie sont venus
me chercher pour nous conduire à l'école. Dans l'auto, le
père de mon amie a dit : « Ça sent le caca de chien, ici. »
On a tous regardé nos souliers et on n'a rien vu. Mais
l'odeur ne partait pas. Et puis, oh horreur, je me suis rappelée qu'après avoir ramassé les crottes de mon chien,
j'avais mis le sac dans la poche de mon manteau pour le
jeter plus tard! Mais je l'avais oublié! On a dû arrêter sur

le bord de la route pour que je puisse m'en débarrasser. J'aurais voulu mourir tellement c'était gênant!
—Sara K.

Quand faut y aller, faut y aller

Un jour, quand j'étais en sixième année, on est allés patiner sur la patinoire derrière l'école. On a mis nos habits de neige parce qu'il faisait vraiment froid. Mes amies et moi, on avait tellement de plaisir à patiner, à inventer des danses et à poursuivre les garçons que je ne voulais pas m'arrêter. Mais, à un moment donné, mes amies m'ont fait rire, et j'ai eu envie, tout à coup. J'ai essayé d'enlever mes patins et de courir aux toilettes en même temps, mais je ne suis pas arrivée à temps! J'ai fait pipi dans mon habit de neige!

—Erin B.

Ça n'arrive sûrement pas à Mickey

J'étais à Disneyland et j'avais besoin d'aller aux toilettes. Je suis entré et j'ai eu l'impression que quelque chose n'allait pas. J'ai regardé l'enseigne. C'étaient les toilettes des filles. J'ai vite verrouillé la porte. J'ai aperçu une fenêtre et j'ai commencé à grimper pour y arriver. Mais une fille dans les toilettes m'a presque vu faire, alors j'ai vite sauté par la fenêtre. Je me suis presque foulé la cheville en tombant. C'était tellement gênant! Quand j'ai tout raconté à ma mère, elle a ri aux larmes.

—Jeffery D.

Vite, apporte le débouchoir!

J'étais en première année et je venais d'emménager dans une nouvelle ville avec ma famille. C'était ma première journée à ma nouvelle école et j'avais vraiment besoin d'aller aux toilettes. J'avais tellement envie que je suis entrée dans une cabine dont le verrou était brisé. J'ai appuyé un de mes pieds sur la porte pour la garder fermée tout en me tenant debout sur l'autre jambe. J'ai vite baissé mon pantalon et je me suis assise sur les toilettes. Soudain, une grande de septième année est entrée et a donné un grand coup de pied dans la porte! Le coup était tellement violent que je suis restée coincée dans la cuve de la toilette! J'ai commencé à pleurer et à crier, et tous les enseignants sont arrivés en courant. Ils m'ont trouvée là, coincée, à moitié déshabillée, en pleurs et très fâchée. Après m'avoir tirée dans tous les sens pendant une dizaine de minutes, ils ont fini par me sortir de là. Quand j'ai regagné ma classe, une bonne demi-heure s'était écoulée!
—Diane S.

Drôle de façon d'attirer l'attention

Quand j'étais petite, vers l'âge de trois ou quatre ans, et que je m'ennuyais de ma mère, je faisais des choses terribles. C'était l'anniversaire de mon frère et tous ses amis étaient à la maison. J'imagine que j'avais besoin d'attention, parce que j'ai fait pipi dans la garde-robe de ma mère! Au même moment, mon frère et ses amis sont entrés et m'ont vue, mais je m'en suis aperçue seulement après avoir fini. Ils me regardaient tous. Je me suis mise à pleurer, et ils ont ri de moi. Je n'ai plus jamais fait ça!
—Anna C.

Vachement embarrassant!

Je participais à un camp d'équitation, et mon groupe devait attraper des vaches au lasso. C'était la première fois que j'attrapais une vraie vache, et j'étais très nerveuse. Quand mon tour est arrivé, j'ai couru pour aller chercher une corde, mais j'ai glissé et je suis tombée dans une mare de bouse et de pipi de vache. J'étais couverte de la tête aux pieds, et j'en avais même dans la bouche. J'ai vomi sur mon chef d'équipe à l'heure du dîner. C'était vraiment dégueulasse et tellement gênant!

—Jessica J.

Tout frais de la ferme

Il y a deux ans, mon oncle nous a emmenés, mon frère et moi, travailler dans sa ferme. Pour nourrir les vaches, il fallait traverser leur enclos. Mes bottes se sont enlisées dans la bouse de vache. Et vous savez quoi? Je suis tombée dedans, face première! À la maison, ma mère m'a plongée dans le bain, et je me suis lavée et relavée. Après mon bain, on est allé chez McDonald, mais quand on est revenus, j'ai pris un autre bain.

—Jennifer G.

Erreur de toilettes

J'ai émigré au Canada, il y a deux ans. À ma deuxième journée ici, la propriétaire de notre immeuble est allée chercher son petit-fils à l'école, et je suis allée avec elle pour voir ma future école. On était arrivées depuis dix minutes quand j'ai eu besoin d'aller aux toilettes. J'ai demandé à la propriétaire, en mandarin : « Où sont les toilettes des filles? » Elle n'était pas certaine, mais elle m'a indiqué la salle où elle avait vu son petit-fils entrer un jour. Quand je suis ressortie, j'ai vu qu'un garçon me regardait. Je ne savais pas pourquoi et je ne m'en suis pas occupée. Une semaine plus tard, j'ai fait mon entrée à cette école. Et j'ai vu que la salle où j'étais entrée, c'était, en fait, les toilettes des garçons!

—Lucy B.

Charmant chiot

Ma sœur voulait aller à l'animalerie. Alors, on y est entrés pour qu'elle arrête de pleurnicher. On regardait les chats et les chiens. Une femme qui travaillait là tenait un mignon chiot dans ses bras. Je lui ai demandé si je pouvais le prendre, et elle a dit oui. Je le tenais depuis 20 secondes à peine quand j'ai senti quelque chose de mouillé sur ma blouse. J'ai compris que le chiot venait de faire pipi sur moi! Je l'ai vite remis à la femme. Tout le monde me regardait. C'était tellement gênant. Il a fallu qu'on rentre immédiatement à la maison.

—Shakoiéhtha P.

Sortez-moi de là!

On mangeait dans un restaurant chic, et j'ai eu besoin d'aller aux toilettes. Il y avait une seule porte et une seule cabine. J'y suis entrée et j'ai eu beaucoup de difficulté à verrouiller la porte. J'ai finalement réussi, mais quand j'ai voulu sortir, je n'étais plus capable de l'ouvrir. J'étais enfermée! J'ai attendu pendant ce qui m'a paru une heure. Ma grand-mère est enfin venue voir ce qui se passait. Elle a essayé de me faire sortir, mais elle n'a pas réussi. Elle est allée chercher la serveuse et lui a expliqué mon problème. La serveuse a utilisé une de ses pinces à cheveux pour ouvrir la porte, et j'ai finalement pu sortir. J'étais contente parce que ça sentait vraiment mauvais là-dedans!

—Chloe M.

On ne choisit pas
sa famille

La famille... parfois, tu aimerais pouvoir t'en passer, pas vrai? Les situations les plus embarrassantes arrivent quelquefois devant les membres de ta famille, qui se font un plaisir, plus tard, de te les rappeler. Et quelquefois, c'est un membre de ta famille qui te fait le plus honte. Que ce soit ton petit frère qui veut montrer ton nouveau soutien-gorge à tous les voisins, ta mère qui s'en prend à la voiture de ton enseignante ou bien ton père qui te rend presque complice d'un crime, tu dois les aimer quand même, pas vrai? Pas vrai???

Mamma Mia

J'avais été choisie pour représenter mon école lors d'une compétition à Ottawa. On nous avait dit de nous rendre au poste de police, où l'autobus allait nous prendre. Ma mère est venue me reconduire et elle m'a donné plein de conseils pour le voyage. Quand l'autobus est arrivé, je suis montée et j'ai trouvé une place. Après quelque temps, j'ai remarqué que ma mère suivait l'autobus en voiture! Quand l'autobus s'est arrêté au coin d'une rue, elle est sortie de l'auto et s'est mise à m'envoyer la main frénétiquement. Tout le monde dans l'autobus l'a vue et a commencé à se moquer. Je me suis glissée au fond de mon siège, mon baladeur sur les oreilles, comme si je n'avais rien remarqué. J'étais parmi les plus jeunes dans l'autobus, et tout le monde a dû penser que j'avais peur de laisser ma mère.

—Krystal B.

Bain imprévu

Mon père, Jessie et moi, on était partis pêcher, une fin de semaine. Un après-midi, on rentrait dîner, et mon père a approché le bateau de la rive. Je me suis agrippé à une branche et j'ai posé un pied sur le rivage. Au même moment, le bateau s'est éloigné, et j'ai fait le grand écart. Puis la branche que je tenais a cassé, et je me suis retrouvé les fesses à l'eau. Mes cousins m'ont vu tomber, et tout le monde a ri de moi.

—Tyler S.

À tous nos clients!

Ça faisait une éternité que j'essayais d'obtenir la permission d'aller au centre commercial avec mes amies! Un jour, ma mère m'a enfin accordé la permission, et j'ai pris l'autobus avec une de mes amies. Je devais appeler ma mère à 19 h pour lui dire qu'on était bien arrivées, mais on était si occupées à magasiner que j'ai complètement oublié. On était en train de manger dans l'aire de restauration quand, tout à coup, j'ai entendu le haut-parleur appeler mon nom dans tout le centre commercial! Je me suis présentée au kiosque de la sécurité, et les agents m'ont dit en riant que ma mère voulait que j'appelle à la maison. Ça n'aurait pas été trop embarrassant, sauf qu'il y avait

beaucoup de jeunes de mon école qui attendaient pour entrer au cinéma, ce soir-là!
—Ashley O.

Ouache!

Un jour, lorsque j'avais 12 ans, j'étais en train de dire bonjour à une amie de ma grand-mère. Elle s'est penchée pour m'embrasser sur la joue, mais je ne savais pas sur laquelle elle voulait m'embrasser. Alors, je me suis penchée du même côté qu'elle… et on s'est embrassées sur les lèvres! C'était tellement gênant que je n'ai plus jamais été capable de la regarder en face.
—Debbie T.

Surprise aux crevettes

C'était Noël, et on soupait en famille. Il y avait un cocktail de crevettes comme entrée. Je n'aime pas les cocktails de crevettes, alors j'allais donner le mien à mon oncle Doug, qui était assis en face de moi. En essayant de verser les crevettes dans sa coupe, je me suis trop penché et je suis tombé sur la table. Mon oncle et moi, on était couverts de crevettes et de sauce à cocktail. Toute la famille a éclaté de rire, y compris mon oncle et moi. La nappe était tellement sale que ça a pris des heures pour tout nettoyer.
—Kyle G.

La malédiction de la momie

Une année, ma mère m'a fabriqué un costume de momie pour l'Halloween. Elle a utilisé une chemise blanche, un pantalon blanc et du papier hygiénique. Elle a enveloppé mes bras, mes jambes et mon corps avec le papier. Et elle a pris des bandes de gaze pour ma tête. Quand mes amis m'ont vu, ils ont bien ri. En marchant, on a rencontré des gens qui voulaient me prendre en photo. On a perdu une partie de notre groupe en parcourant le voisinage, mais ils nous ont vite retrouvés, grâce au papier hygiénique. Mon costume se défaisait à cause de l'humidité. Il y avait du papier hygiénique partout dans le quartier.

—Quintin H.

Grosse tête

Quand j'avais cinq ans, je suis allée à Disneyland avec ma famille. Je voulais faire un tour dans le manège de Dumbo, l'éléphant volant, alors j'ai essayé de passer entre les barreaux de la clôture. Mais ma tête est restée coincée! Ma mère aurait voulu que mon père vienne m'aider, mais il était loin, en bas de la côte. Alors, ma mère et ma sœur ont demandé l'aide d'autres personnes. Je croyais que j'allais rester coincée pour toujours, mais un homme a réussi à écarter les barreaux, et j'ai pu me sortir la tête. Je pleurais parce que j'avais eu tellement peur!

—Tracy Y.

Erreur sur la personne

Un jour, quand j'avais cinq ans, je suis allé chez Taco Bell avec mon père et mon frère. Mon père portait des jeans bleus. Pendant qu'on attendait en file, je regardais des jouets, qui étaient là, tout près, et je n'ai pas

remarqué que la file avait avancé. L'homme à côté de moi n'était plus mon père, mais je ne le savais pas parce qu'il portait aussi des jeans bleus. Je me suis tourné vers lui et lui ai fait une grosse caresse pour le remercier de nous avoir amenés au restaurant. Grosse erreur! L'étranger m'a regardé et s'est mis à rire avec ses amis! C'était tellement gênant que je ne l'ai jamais dit à mon père.
—Brendan S.

Culture canadienne

Erika, une étudiante japonaise de 15 ans, passait l'été chez nous pour se familiariser avec la culture canadienne. Un jour, mon frère et moi, on est allés avec ma mère la chercher à l'école. Au retour, on s'est arrêtés à une grosse librairie pour qu'Erika puisse acheter des magazines. On est sortis de l'auto et on a commencé à traverser la rue. Ma mère a soudain crié : « Où sont tes souliers? » J'ai regardé mes pieds. J'avais oublié de mettre mes souliers! Tout le monde me regardait, c'était tellement gênant. Ma mère n'avait pas le temps de nous ramener à la maison pour que je prenne mes souliers, alors j'ai dû me promener dans le magasin comme ça. Je savais qu'Erika allait parler à tous ses amis de ce drôle de garçon canadien qui se promenait en bas dans les magasins.
—Alex J.

Au voleur!

Un jour, mon père a emprunté l'auto de notre voisin pour me conduire au centre commercial, parce que ma mère était partie avec notre voiture. On a magasiné

14

jusqu'à épuisement total, puis on s'est dirigés vers le stationnement. On a trouvé l'auto du voisin, mais, quand mon père a essayé de déverrouiller la portière, la clé est restée coincée. On a tout essayé, mais sans succès. Mon père a essayé le coffre, qui s'est ouvert sans difficulté. Puis il m'a dit : « Entre et pousse sur le dossier des sièges. » Je pensais qu'il blaguait, mais il n'y avait pas d'autre solution. Pendant que je grimpais dans le coffre et que je poussais sur les dossiers, mon père regardait tout autour. « Vite! Sors de l'auto! » m'a-t-il dit tout à coup, pris de panique. J'ai sauté hors du coffre. Mon père venait de repérer l'auto du voisin dans la rangée d'à côté. On était dans la mauvaise voiture! Des gens venaient dans notre direction de tous les côtés. Peut-être que le propriétaire de la voiture était parmi eux! Sauve qui peut! On a couru jusqu'à la « bonne » voiture et on a quitté les lieux à toute vitesse.
—Elle A.

Je vous présente mon petit-fils...

On avait invité ma grand-mère et mon grand-père à venir chez nous pour déballer les cadeaux, le matin de Noël. Ma grand-mère et ma mère prenaient plein de photos pendant qu'on ouvrait nos cadeaux. Ce soir-là, mon frère Andy et moi, on a trouvé un appareil photo qu'on croyait être celui de ma mère. On a décidé de s'amuser à prendre nos propres photos. Dans une de ces photos, je montrais mes fesses à la caméra. Ma sœur nous observait sans qu'on le sache et elle est allée tout raconter à ma mère. Un peu plus tard, ma mère nous a demandé si on avait vu un appareil photo avec un flash. Elle nous a dit que c'était celui de ma grand-mère et qu'elle l'avait oublié chez nous, ce matin-là. Andy et moi, on s'est regardés sans dire un mot. Il a fallu que ma mère raconte

à ma grand-mère ce qu'on avait fait. Et lorsqu'elle a fait développer les photos, tout le monde a bien ri, parce que la farce s'était retournée contre moi. Mon derrière était exposé à la vue de tout le monde.
—Nathan C.

Attention, plancher glissant!

C'était le jour de ma fête. Ma mère, ma cousine et moi, on est allées à l'épicerie. On ne s'attend pas à ce qu'il arrive des incidents à l'épicerie. On avait acheté plein de choses, et notre chariot débordait; alors, on s'est rendues à la caisse. C'est là que les choses se sont gâtées! Ma cousine a suggéré qu'elle et moi, on aille s'asseoir quelque part. C'est elle qui a eu l'idée d'aller près des cruches d'eau, mais c'est moi qui ai eu la mauvaise idée de me placer le bras autour d'une des cruches. Elle était posée sur la plus haute tablette et elle est tombée. J'ai essayé de la retenir, mais je n'ai pas réussi. L'eau s'est mise à couler! En quelques secondes, il y en avait partout sur le plancher. Une femme qui passait a failli glisser. C'était tellement gênant que j'en étais étourdie. J'aurais voulu disparaître parce que tout le monde nous dévisageait, ma cousine et moi. Ma cousine m'a murmuré : « On devrait aller s'asseoir dans la camionnette. » Alors, on est sorties du magasin en courant, avec nos souliers mouillés qui craquaient.
—Kaia'taie:ri M.

Alarmant!

Quand j'avais six ans, je suis allée avec ma mère dans un magasin de couture. J'ai aperçu une porte

qui ressemblait à une porte ordinaire. Alors, je l'ai poussée et l'avertisseur d'incendie s'est mis à résonner. J'étais terrifiée! Tout le monde dans le magasin me dévisageait. Le gérant est enfin arrivé et a arrêté l'alarme. Ma mère était fâchée parce que ça aurait pu alerter les pompiers.
—Kimberley M.

Un papa imposteur

Un jour, quand j'avais cinq ans, je suis allée au centre commercial avec mon père et ma sœur. Je me suis arrêtée pour regarder quelque chose, puis je me suis remise à marcher. Je n'ai pas vu que mon père était parti, et quand j'ai levé les yeux, il n'était plus là. J'ai finalement aperçu son blouson bleu dans la foule et j'ai commencé à le suivre. Je suivais le blouson bleu depuis un bon moment, lorsque j'ai aperçu mon père qui marchait de l'autre côté du centre commercial. On s'est regardés et on s'est souri. Je me suis dépêchée de rejoindre le « bon papa ». Heureusement, l'homme au blouson bleu ne s'était pas aperçu que je le suivais, mais j'étais quand même pas mal embarrassée de ne pas avoir reconnu mon propre père.
—Angelique M.

Debout, là-dedans

C'était une belle journée, mais il y avait du brouillard. Je me suis réveillé vers 9 h et, en regardant ma montre, je me suis dit : « Oh non, je suis en retard pour l'école! » Je me suis habillé aussi vite que j'ai pu. J'ai mis une tranche de pain dans le grille-pain et, pen-

dant que mon pain grillait, j'ai couru à ma chambre pour faire mon lit. Ensuite, je suis retourné en courant à la cuisine pour sortir ma tranche du grille-pain. J'ai mis plein de Cheese Whiz dessus, je l'ai roulée en boule, je l'ai mise dans ma bouche et j'ai commencé à mastiquer. Le pain était tellement collant que j'ai dû le mâcher pendant ce qui m'a paru une heure avant de pouvoir l'avaler. Pendant ce temps-là, ma mère est entrée dans la cuisine et a commencé à faire du café. Moi, j'ai attaché mon chien dehors pour qu'il fasse ses besoins, puis je suis rentré dans la maison. Et là, ma mère a dit : « Où t'en vas-tu avec ta chemise à l'envers? C'est samedi. » C'était vraiment gênant.
—Kevin S.

Catastrophe au pays des bonbons

Quand j'étais petite, je prenais des bonbons dans le bol de bonbons et je les mangeais en cachette dans ma chambre. Comme je les mangeais en cachette, il fallait que je fasse disparaître les papiers d'emballage. Je les avais d'abord cachés sous mon matelas, mais ma mère les a trouvés quand elle a changé les draps. Alors, j'ai commencé à les cacher dans la bouche de chaleur, que je gardais bien fermée. Quelques semaines plus tard, pendant que mon père me bordait, il m'a dit combien il était fier de moi parce que je ne mangeais plus de bonbons en cachette. Moi, je savais que je n'avais pas arrêté de le faire. Puis mon père a ajouté qu'il faisait un peu froid dans ma chambre, et il est allé ouvrir la bouche de chaleur. Il y a eu comme une explosion de papiers d'emballage. Tous les papiers flottaient lentement dans l'air.

C'était vraiment gênant! Pas besoin de dire que mon père était très fâché!
—Amanda C.

Histoires
de sous-vêtements

Les sous-vêtements peuvent causer bien des ennuis. Mais peux-tu t'imaginer ce qui arriverait si tu n'en portais pas du tout? C'est peut-être embarrassant de montrer à tout le monde ton caleçon décoré d'images de ton super-héros préféré, mais c'est bien plus embarrassant si ton caleçon n'est pas là du tout! Alors, écoute ces sages conseils : porte toujours des sous-vêtements propres, attache tes bretelles, porte une ceinture, ne laisse pas tes frères s'approcher de ton soutien-gorge, rentre toujours ta chemise et remets bien ta jupe en place!

Souris et cache-toi

C'est arrivé à peine deux semaines après la rentrée scolaire. Ce jour-là, quand la cloche a sonné pour la récréation, j'ai couru à l'extérieur et j'ai commencé, comme d'habitude, à jouer sur la cage à grimper. J'ai décidé d'aller m'asseoir tout en haut. Quand j'ai voulu sauter en bas, ma blouse est restée accrochée. Je me suis retrouvée sur le sol, le torse nu! Je me suis précipitée sous une plate-forme et j'ai attendu que mes amies récupèrent ma blouse. Je me suis vite rhabillée et je suis sortie de ma cachette, rouge comme une tomate. Inutile de dire que tout le monde me connaît maintenant, à l'école.
—Chelsea A.

La vérité toute nue

On jouait à se lancer des défis, et le mien, c'était de descendre la côte en courant à toute vitesse. Tout s'est bien passé jusqu'à ce que j'atteigne le milieu de la côte. La pente était très raide, et en courant, j'ai perdu mon pantalon. Puis, pendant que je glissais sur le reste de la pente, j'ai aussi perdu mon caleçon. Quand j'ai atterri en bas, mon pantalon et mon caleçon étaient toujours là, au milieu de la côte.
—Gregory F.

Quelle honte!

Mon moment le plus embarrassant, je le dois à ma mère. Un jour, elle a proposé d'aller magasiner, ce qu'elle ne fait pas souvent. Alors, j'ai accepté sans hésiter! Mais on a dû emmener mon petit frère parce qu'il n'avait que huit ans et qu'on ne pouvait pas le laisser tout seul à la maison. Je pensais qu'on allait m'acheter des jeans et des souliers de course, mais quand on est arrivés au magasin, ma mère est allée tout droit au rayon des soutiens-gorge et a commencé à m'en montrer! C'était vraiment gênant, et mon petit frère n'arrêtait pas de se moquer de moi!
—Danielle W.

Grande gagnante!

La jupe qui s'est envolée

Pour aller à la danse de l'école, j'avais mis un débardeur et

une jupe portefeuille. Quand ma mère m'a déposée devant l'école, toutes mes amies et un garçon que j'aimais bien étaient là qui m'attendaient. Je suis sortie de l'auto et j'ai fermé la portière, mais ma jupe est restée prise. Ma mère, qui ne se doutait de rien, est repartie, et ma jupe s'est envolée! Je suis restée là, en sous-vêtements, devant toutes mes amies et ce garçon!
—Erika M.

Pour faire des vagues

Un jour, je suis allée nager, et le garçon pour qui j'avais un penchant était là aussi. Il était dans la partie profonde, alors j'ai décidé de plonger du plus haut plongeoir pour l'impressionner. Mon plongeon était parfait, mais quand j'ai commencé à nager, j'ai senti que le haut de mon maillot s'était détaché! J'ai barboté dans la partie profonde, essayant de nager sous l'eau et de rattacher mon maillot en même temps. Tout ça, sous les yeux de mon amoureux! Il a dû me prendre pour une véritable idiote. Et le pire, c'est qu'il est venu ensuite me demander si je voulais qu'il me donne des leçons de natation. J'ai eu le visage rouge pendant des semaines après ça... mais c'était peut-être à cause de mon coup de soleil.
—Michelle L.

C'est le drapeau de quel pays?

Ma mère m'avait acheté mon premier soutien-gorge, mais il était un peu serré. Un jour que j'étais chez ma gardienne, je l'ai enlevé et je l'ai mis dans la poche de mon manteau. Plus tard, mon frère Dylan avait froid, alors, je lui ai dit de mettre mon manteau. Il a trouvé le

soutien-gorge dans la poche et l'a mis. Je ne l'ai pas vu faire, mais ensuite, mon autre frère, D.J., en a fait un drapeau. Il l'a accroché au bout d'un bâton et s'est mis à l'agiter dans tous les sens. Toutes mes amies étaient là, et beaucoup de garçons aussi. Depuis ce temps-là, je m'assure de bien ranger mon soutien-gorge lorsque je l'enlève.
—Santana M.

Petit exposé

C'était l'hiver, et je venais d'entrer dans la classe. En voulant enlever mon pantalon de neige, j'ai aussi retiré mon pantalon... devant les 30 élèves et mon enseignante! C'était tellement gênant, et tout le monde s'est fait un plaisir de me le rappeler toute l'année.
—Keryl G.

Qu'y a-t-il derrière la porte n° 1?

Je magasinais avec ma mère pour acheter de nouveaux vêtements pour Noël. Ma mère m'a dit d'aller essayer une robe dans une cabine. La robe me faisait parfaitement. Je l'ai enlevée et j'ai ouvert la porte pour annoncer : « Oui, elle me fait! » En une seconde, j'ai compris que je me tenais à moitié déshabillée devant tout le monde. Il y a eu un silence, puis des rires. Le garçon que j'aimais bien se tenait en face de moi. Il y a encore des gens qui me rappellent cet incident.
—Shaine T.

Un grand écart qui découd

Pour moi, l'incident le plus embarrassant a eu lieu au camp de gymnastique. Pendant la période d'étirement, on nous a demandé de faire le grand écart. J'étais descendue pas mal bas, mais pas tout à fait assez à mon goût. J'ai donc poussé encore un peu, et mon pantalon s'est décousu! Je sais que tous les autres ont entendu le bruit que ça a fait parce qu'ils ont tous regardé de mon côté. « Oups! », c'est tout ce que j'ai pu dire.
—Kelly W.

Paroles de sagesse

Un été, ma cousine m'a invitée à coucher chez elle. Il faisait très chaud, et on a décidé d'aller se rafraîchir au centre commercial. On avait un peu d'argent, alors j'ai essayé une superbe paire de jeans. Ils étaient un peu trop grands à la taille, mais j'ai décidé de les acheter quand même et de les porter tout de suite. Je n'ai pas acheté de ceinture. Grosse erreur de ma part! Ma cousine a aperçu un débardeur dans une vitrine plus loin et elle s'est mise à courir dans cette direction, sans m'en avertir. J'ai balancé mes vieux jeans sur mon épaule et j'ai commencé à courir derrière elle. Tout à coup, je me suis rendu compte que mes nouveaux jeans étaient rendus sur mes chevilles! Tout le monde s'est retourné pour regarder cette jeune fille noire rougissante à la culotte rose fluo et aux jeans sur les chevilles. J'ai vite remonté mon pantalon et j'ai annoncé carrément : « Ça va! Le spectacle est fini! » La morale de cette histoire embarrassante, c'est qu'il faut toujours acheter une ceinture quand il est évident qu'on en a besoin!
—Cassandra W.

Sous-vêtement débridé

Un été, j'ai participé à un camp musical, et à la fin du mois, on a donné un grand concert. Toutes mes amies et ma famille sont venues m'entendre jouer. Le chef d'orchestre a levé sa baguette, j'ai levé mon violon… et l'agrafe de mon soutien-gorge s'est brisée! Mon soutien-gorge a été propulsé vers l'avant. Pendant tout le concert, j'ai joué les épaules courbées et le soutien-gorge ramassé sous mon t-shirt.

—Diane K.

Est-ce que ça t'appartient?

Ma classe faisait une sortie éducative au parc aquatique Wild Water Kingdom de Toronto. J'étais dans un groupe avec Chris, Ilion, Spencer et le père de Spencer. Je m'amusais beaucoup. Mais, à l'heure du dîner, je me suis rappelée qu'après avoir mis mon maillot le matin, j'avais oublié de mettre ma culotte dans mon sac et que je l'avais laissée sur la table! J'ai couru jusqu'à la table, mais il était trop tard. Le père de Spencer avait ramassé mon sac. Ma culotte à la main, il a demandé à qui elle appartenait (il le savait, bien sûr, mais il voulait me taquiner). J'étais rouge betterave quand je lui ai arraché la culotte pour la jeter au fond de mon sac.

—Patsy M.

Photo en noir et blanc

Il y a quelques années, j'avais mis une jolie jupe pour le jour de la prise des photos, à l'école. Je ne pouvais pas deviner qu'on allait me faire asseoir dans la première rangée. Ce jour-là, je portais une culotte blanche et une jupe noire. Une fois les photos développées, je me suis rendu compte qu'on pouvait voir ma culotte. Ce qui est pire, c'est que l'école a décidé de mettre cette photo dans un calendrier, qu'on a ensuite vendu un peu partout pour amasser des fonds!

—Ashley C.

À quand la remise des diplômes?

*Tu n'as pas le choix : il faut que tu ailles à l'école...
à moins que tu puisses convaincre tes parents que tu es
à l'article de la mort. Même si, la veille, tu as compté
un but contre ta propre équipe pendant le cours de
gym, ou fait un exposé devant la classe d'anglais, avec
la braguette ouverte, ou encore vomi sur ton professeur
de mathématiques? Tout ça serait suffisant pour te
pousser à changer de nom et à fuir le pays, ou, au
moins, à te cacher dans ton lit pendant toute une
journée. Personne ne veut comprendre que tu as besoin
de ce congé pour te préparer mentalement à affronter
les plaisanteries dont tu feras l'objet pour des années à
venir. Mais ils finiront bien par oublier, n'est-ce pas? Il
y aura bien quelqu'un d'autre pour faire une gaffe
encore plus grosse. Peut-être un de ces jeunes...*

Match de démolition

Ma mère devait passer me prendre à l'école, et
je l'attendais avec un groupe d'amis. Je l'ai vue entrer
dans le stationnement. Elle a essayé de reculer dans une
place de stationnement, mais elle a heurté la voiture de

mon enseignante! Tous mes amis riaient! C'était tellement gênant.
—Jen D.

Qui a bien pu...

C'était ma première semaine de classe à ma
nouvelle école secondaire. Un matin, je me suis précipitée vers mon casier. Pendant que je prenais mes livres,
j'ai entendu la fille la plus populaire de l'école dire, d'un
ton dédaigneux : « Qu'est-ce que ce bas fait sur le plancher? Qui a bien pu perdre un bas? C'est dégoûtant! » Je
me suis retournée et j'ai vu avec surprise que c'était mon
bas à rayures bleues! Il devait être resté collé à la jambe
de mon pantalon en sortant de la sécheuse! J'étais rouge
comme une betterave quand j'ai dit, en essayant d'imiter
son ton dégoûté : « Je ne sais pas, mais c'est vrai que c'est
dégueulasse! » J'ai ramassé le bas et je l'ai jeté à la
poubelle. Je ne sais pas si quelqu'un d'autre savait que
c'était mon bas, mais moi, je le savais. Je rougis encore
quand j'y repense.
—Katie C.

Le grand débat

Quand j'étais en quatrième année, on apprenait
à faire des débats en classe. On devait choisir un partenaire et piger un sujet dans un chapeau. Mon partenaire
et moi, on a pigé « sauter ». Alors, on a commencé à
échanger des arguments pour ou contre. J'ai dit qu'à
mon avis, c'était bon de sauter, à condition de ne pas
sauter à s'en rendre malade. J'ai remarqué que les autres
élèves et l'enseignante me regardaient d'une drôle de

façon. Puis l'enseignante a dit : « On parle de sauter une classe à l'école. » C'était tellement gênant! Je pensais qu'on parlait de sauter à la corde! J'ai essayé de me rattraper en disant : « Je le sais, je vais en parler plus tard », mais ça n'a pas marché. J'ai quand même eu l'air ridicule!
—Michelle B.

La reine de la nausée

Tout a commencé un matin que j'avais mal au cœur. J'ai bu du jus d'orange et, en arrivant à l'école, j'avais l'estomac tout à l'envers. Je me suis levée avec l'intention de demander la permission d'aller aux toilettes, mais j'ai dû attendre mon tour parce que c'était la période de mathématiques et que beaucoup d'élèves posaient des questions. Quand mon tour est finalement arrivé, je me suis levée de nouveau, mais au lieu de parler, j'ai vomi un liquide jaunâtre (à cause du jus d'orange) sur mon enseignante. Tous les élèves riaient, et j'ai trouvé ça vraiment gênant. L'enseignante m'a dit que ça ne faisait rien, mais je crois qu'elle a trouvé ça dégueulasse. Depuis ce jour-là, les élèves m'appellent « la reine de la nausée ». Il y a eu une tache sur le plancher pendant des semaines, ce qui n'a pas arrangé les choses.
—Laura Y.

Art abstrait

C'était après le dîner, un jour où il faisait très chaud. J'avais joué dehors comme tout enfant de huit ans le fait normalement. Quand je suis arrivée dans ma classe, après avoir monté toutes les marches, j'avais tellement

chaud que ma culotte rose était collée à mes fesses mouil-
lées. Je n'aimais pas du tout la sensation. Puis j'ai vu le
gros climatiseur et je me suis assise dessus… Flac! Oh
non! J'avais oublié que l'enseignante y avait mis
quelques-unes de nos œuvres d'art à sécher. Je me suis
levée et j'ai regardé mon derrière. Il y avait du rouge, du
bleu, du jaune et même du vert. Tout le monde a ri, même
mon enseignante. Cet incident me hante encore aujour-
d'hui.
—Joany T.

Une gaffe au football

Ça a été le pire lundi de toute l'histoire. Éduca-
tion physique, ouache! Et par-dessus le marché, on jouait
au football. En-nuy-ant! J'étais receveur (c'est un des
joueurs qui attrapent le ballon). Hut! Hut! Le ballon
fendait l'air. Incroyable, mais je l'ai attrapé! J'ai commencé à courir de toutes mes forces. Je contournais les
autres joueuses, je galopais. Puis j'ai marqué un but!
Oh non! J'avais couru dans la mauvaise direction et
compté un but pour l'autre équipe! Mes coéquipières ont
commencé à murmurer des choses pas très gentilles à
mon égard. Je me sentais tellement mal! Comme le dit si
bien un petit dessin comique sur les emballages de
gomme à mâcher : « C'est moins amusant quand tu
comptes un but pour l'équipe adverse. »
—Carissa R.

Est-ce quelque chose que j'ai dit?

Un jour, pendant un cours de mathématiques
très ennuyant, mes deux amies, qui étaient assises en face

de moi, n'arrêtaient pas de rigoler. J'avais beau me pencher et murmurer : « Qu'est-ce qu'il y a de si drôle? », elles ne me répondaient pas. Et plus je voulais savoir, plus elles riaient, si bien qu'à la fin, on se tordait de rire toutes les trois. L'enseignante nous a envoyées à l'extérieur de la classe. On a fini par se calmer, et je leur ai demandé : « Mais qu'est-ce qui vous faisait rire? » Eh bien, c'était la crotte qui me pendait au bout du nez!
—Karen J.

Faites attention, monsieur!

Le jour de la rentrée scolaire, j'ai heurté le nouveau directeur de l'école par accident, dans le couloir. Il m'a parlé et j'ai cru qu'il me demandait si je cherchais mon chemin. Alors, j'ai dit « Oui. » Il m'a répondu : « Je m'excuse. » Pendant que je m'éloignais, je me suis rendu compte qu'il m'avait demandé s'il était dans mon chemin! J'ai trouvé ça très gênant et maintenant, je le vois tous les jours en me rendant à ma classe.
—Anna B.

Il y a de ces jours...

J'aimerais mieux oublier cet incident, mais je n'y arrive pas. Un jour, je me dépêchais à me préparer pour aller à l'école. J'ai ouvert ma garde-robe et j'ai sorti des vêtements. J'étais trop pressée pour choisir, alors j'ai pris n'importe quoi. Puis je suis allée à la cuisine prendre une bouchée de rôtie et une gorgée d'eau. J'ai dû courir pour me rendre jusqu'à l'école. J'allais franchir la porte de ma classe lorsque je me suis pris les pieds dans mon pantalon et que j'ai trébuché. J'ai eu le visage rouge toute

la journée tellement c'était gênant. Heureusement que l'école finissait à 14 h. Mais ce qui était bien pire, c'est qu'à mon retour à la maison, ma mère m'a appris que ce pantalon trop long qui avait traîné par terre toute la journée était le sien!
—Tiffany H.

Une si belle robe!

L'incident le plus embarrassant pour moi s'est produit à l'école italienne où je vais. On nous avait demandé de nous costumer pour célébrer la journée du Patrimoine. Ma famille aime participer aux activités scolaires, alors ma mère et ma nonna (ça veut dire grand-mère, en italien) m'ont confectionné une robe aux couleurs traditionnelles (vert, blanc et rouge). Elle était bien jolie, car elle était toute fleurie. J'étais très fière de la porter pour aller à l'école. Ça se voyait sur mon visage et dans les longues enjambées que je faisais. Mais quand je suis arrivée dans ma classe, j'ai vu que tous les élèves portaient leurs vêtements de tous les jours! C'était très gênant. Toute la journée, les gens sont venus me dire que je devais être très fière de mon pays!
—Emilia T.

Le jaune te va très bien

C'était le jour du dîner hot-dogs à l'école. Il devait y avoir au moins 20 personnes devant moi, et la file avançait très lentement. « Enfin! » me suis-je écriée, en mettant la main sur mon précieux hot-dog. J'étais affamée et j'avais hâte de prendre ma première bouchée. Je me suis dirigée vers la table des condiments, prête à ajouter juste ce qu'il faut de ketchup et de moutarde. J'ai pressé le contenant de ketchup et dessiné un parfait petit serpent sur ma saucisse. Et puis, catastrophe! Je n'avais pas secoué le contenant de moutarde, et au lieu d'atterrir sur ma saucisse, celle-ci s'est retrouvée dans mes cheveux et sur mes vêtements neufs! Mon estomac a fait plusieurs tours, et mon visage est devenu rouge comme une tomate. Je n'ai plus jamais mis de moutarde sur quoi que ce soit, et je crois que je ne pourrai plus jamais en utiliser.

—Caitlin M.

Une enseignante pour cible

Un matin d'école, il pleuvait très fort. Les gouttes de pluie étaient comme des bulles d'eau bleue qui tombaient lourdement sur le sable humide. Les enseignants nous ont laissés entrer dans le gymnase et prendre du matériel pour nous tenir occupés en attendant le début des classes. J'ai demandé à April si elle voulait qu'on se lance un frisbee. Elle a dit que oui, et on est allés en chercher un. Je me suis placé à un bout du gymnase pendant qu'April allait à l'autre bout. On a commencé à se lancer le frisbee. Un autre élève jouait aussi avec un frisbee. À un moment donné, il l'a lancé, et son frisbee a plané jusqu'à la salle de rangement et a atterri avec beaucoup de bruit! Je me suis dit que je pourrais faire la même chose; alors, j'ai marché en direction de la salle et j'ai lancé mon frisbee. Il s'est élevé dans les airs, mais quelque chose de terrible s'est produit. Le frisbee s'est mis à dévier vers le corridor, à gauche du gymnase, et a frappé Mme Nair en plein sur le front. Elle était tellement fâchée qu'elle a commencé à crier après moi. C'était extrêmement gênant.

—Dwight M.

Le chouchou du professeur

Un jour, quand j'étais en troisième année, j'ai trouvé une note dans mon sac d'école. J'ai pensé que c'était pour mon enseignante, alors je la lui ai remise sans la lire. Quand je suis revenu à la maison, ma mère m'a demandé si j'avais lu la note. Puis elle m'a dit qu'elle y avait écrit : « Je t'aime. Passe une bonne journée. Maman. »

—Michael C.

Exposé sur les sous-vêtements

Quand j'étais en cinquième année, je devais faire un exposé oral. Au beau milieu de ma présentation, tout le monde s'est mis à rire et à chuchoter. Je ne savais pas pourquoi, mais tous les élèves regardaient mon pantalon. J'ai baissé les yeux et j'ai vu que la braguette était ouverte. J'ai essayé de cacher ma culotte avec mon exposé, mais j'étais obligée de pencher la tête pour le lire, et je n'y arrivais pas très bien! Alors, tout le monde a vu ma culotte à pois!

—Lauren B.

Penses-tu qu'il a vu?

Pourquoi les choses embarrassantes arrivent-elles tout le temps devant la seule personne au monde qui ne devrait pas les voir? Ce beau garçon sur la plage..., tu voulais attirer son attention, mais tu aurais préféré qu'il remarque ton merveilleux sourire plutôt que le papier hygiénique qui pend de ton maillot. Cette fille dans ta classe... celle que tu aimes depuis la cinquième année? Quand tu te décides à lui avouer ton amour, tu apprends qu'elle ne partage pas tes sentiments. Non seulement c'est gênant, mais ça fait mal aussi, pas vrai? Ne t'en fais pas, c'est la vie. Il nous arrive à tous d'avoir l'air ridicule devant le sexe opposé. Mais dis-toi bien qu'un jour, tu vas rencontrer quelqu'un qui va t'apprécier malgré toutes les choses embarrassantes que tu fais... et peut-être même à cause d'elles!

Plutôt froissant

Un jour, j'étais dans la bibliothèque de l'école. J'avais apporté mon journal personnel pour le mettre à jour et j'avais aussi des livres à retourner à la bibliothèque. Mon journal contenait toutes sortes de secrets embarrassants : pour qui j'avais un penchant, par exemple, et d'autres choses comme ça. Tu peux sûrement deviner ce qui est arrivé. J'ai retourné mes livres et je suis rentrée à la maison. En arrivant, j'ai voulu prendre le sac que j'avais avec moi à la bibliothèque, mais je ne l'avais plus. Mon père m'a ramenée à la bibliothèque, mais mon sac n'était pas là. J'étais vraiment inquiète. Quand je suis arrivée à l'école le lendemain, je suis allée à la bibliothèque et j'ai vu le garçon pour qui j'avais un penchant, et il tenait mon journal. Il l'avait lu et avait raconté tous mes secrets embarrassants aux autres garçons. J'ai réussi à reprendre mon journal, mais j'ai trouvé ça très gênant. Maintenant, je ne supporte plus d'être près de lui.

—Chelsae R.

Une longue traîne en papier

J'étais en vacances aux îles Caïmans avec ma famille. Je jouais sur la plage et, tout à coup, j'ai eu besoin d'aller aux toilettes. J'ai dû courir jusqu'à l'hôtel. Quand je suis ressortie des toilettes, j'ai remarqué des garçons de mon âge qui me regardaient. Alors, j'ai mis mes lunettes de soleil et j'ai marché d'un air décontracté vers ma serviette de plage. Quand je me suis assise, j'ai bien vu ce qu'ils regardaient : le rouleau de papier hygiénique était resté pris dans mon maillot et s'était déroulé depuis les toilettes jusqu'à la plage! J'aurais voulu mourir, mais il fallait que je nettoie ce gâchis. J'ai compris pourquoi ces garçons souriaient!

—Angie S.

Toute une joueuse de soccer!

Je marchais avec une de mes amies et son copain. J'aimais beaucoup ce garçon et j'aurais aimé qu'il soit mon copain à moi. J'ai décidé d'attirer son attention. Comme aucun de mes stratagèmes ne semblait réussir, j'ai parlé de son sport préféré. J'ai dit : « J'aime jouer au soccer. C'est amusant! » J'avais réussi à capter son attention! En continuant mon babillage, j'ai réussi à obtenir toute son attention et j'ai voulu me rendre encore plus intéressante. J'ai couru vers une bouteille remplie de gravier pour donner un grand coup de pied dedans. Mais quand j'ai voulu la frapper, la bouteille n'était plus là! Je suis tombée sur le dos et je me suis frappé la tête. Tout le monde s'est mis à rire. Je n'ai plus jamais essayé de donner un coup de pied sur une bouteille.
—Caitlin L.

La danse folle

Un soir, après le souper, j'ai ouvert la radio. On jouait une chanson que j'aime beaucoup. Alors, j'ai commencé à danser d'une manière tout à fait farfelue. Comme il faisait noir, je pouvais voir mon reflet dans la fenêtre. Quand la chanson a pris fin, j'ai cessé de fixer mon reflet et j'ai regardé dehors. Un garçon de ma classe habite de l'autre côté de la rue. J'ai pensé mourir de honte : il était là, avec environ sept autres garçons de mon école. Ils m'imitaient tous et dansaient de la même manière que je l'avais fait. Je n'ai plus jamais dansé devant la fenêtre.
—Alison C.

La soupe est servie

Lors de ma toute première journée à ma nouvelle école, je traversais la cafétéria en portant une soupe aux légumes et une orangeade sur un cabaret. Je cherchais un visage familier près de qui aller m'asseoir. Je ne regardais pas où je mettais les pieds et, au beau milieu de la cafétéria, j'ai glissé sur un raisin vert et je me suis écrasée par terre. Mon cabaret s'est envolé, les liquides chaud et froid de mon dîner se sont déversés sur le plus beau des garçons, et la vaisselle s'est brisée sur le plancher. Toute la cafétéria s'est mise à chahuter, à crier et à taper des mains. Encore aujourd'hui, mes amies se sauvent quand je commande de la soupe.
—Erin O.

Une admiratrice pas tellement secrète

C'était le lendemain de la Saint-Valentin. J'avais un gros béguin pour un garçon; alors, je lui ai fait un valentin, que j'ai laissé sur son pupitre pendant que toute la classe était au gymnase. Il l'a trouvé en revenant. Mais je n'avais pas été très intelligente : je lui avais laissé un indice! J'avais inscrit les lettres de mon second prénom, dans le désordre. Il ne savait pas de qui il s'agissait, mais il a demandé à une de mes amies qui, elle, le savait. Il a découvert que ça venait de moi! J'ai menti et j'ai dit que ce n'était pas vrai, mais tout le monde savait que c'était de moi. C'était affreux! La semaine suivante, il s'est servi de l'enveloppe qui avait contenu le valentin pour essuyer du chocolat chaud qu'il avait renversé. Ça m'a fait mal!
—Demmi C.

Une mode expérimentale

J'avais un penchant pour le frère d'une amie de ma cousine. Il avait l'air « cool » et un peu mystérieux, et fréquentait une autre école. J'ai été invitée à la fête de l'amie en question, et ma cousine m'a dit que mon beau gars allait être là. J'ai passé des HEURES à me préparer. Il allait être là avec tous ses amis, et je ne voulais pas avoir l'air idiote. J'ai finalement choisi un joli haut pour aller avec ma nouvelle jupe à frange. J'étais tellement nerveuse que j'ai dû aller aux toilettes tout de suite en arrivant. Ensuite, je me suis amusée et j'ai dansé un peu, et il s'est écoulé 20 minutes avant que ma cousine ne remarque que la frange de ma jupe était prise DANS MA CULOTTE. J'aurais voulu disparaître, mais ma mère n'est pas venue me chercher avant un bon deux heures!
—May H.

Superstar

Un dimanche, mon père nous a laissées, mon amie et moi, au cinéma. Tout le monde était là : il y avait plein d'élèves de mon école, et quelques beaux garçons d'autres écoles aussi! Pendant que mes amies attendaient en file pour acheter du maïs soufflé, j'ai filé vers les toilettes pour mettre du brillant à lèvres en espérant qu'un de ces beaux gars me remarquerait. J'ai quitté les toilettes et traversé le hall, et ça marchait! Les gens me regardaient et souriaient... avant de se détourner. Quand j'ai retrouvé mon amie, elle a failli tomber, tellement elle riait. Du papier hygiénique était collé sous mon soulier et j'en traînais presque deux mètres derrière moi.
—Shannon C.

Les chutes

Comme Humpty Dumpty, on est tous tombés de haut à un moment donné. Heureusement, la plupart du temps, il n'y a que notre amour-propre qui est blessé. Si tu n'as pas besoin de premiers soins, le mieux que tu puisses faire, c'est de rire avec les autres, et espérer que la scène est maintenant sur vidéo. Qui sait, ce moment d'humiliation suprême pourrait t'apporter la gloire et la fortune, s'il se retrouvait au palmarès des drôles de vidéos...

 ## Quand le rétroviseur est plus près que tu penses

Mes amis sont venus chez moi après l'école. Ils avaient déjà leur planche à roulettes, alors ils sont restés dehors pendant que j'allais chercher la mienne. On s'exerçait à faire des pirouettes. J'étais débutant, et je ne pouvais faire que des petits sauts. On a décidé d'aller au parc de planches à roulettes. En s'y rendant, on se disait qu'une personne n'est pas normale, si elle n'a pas fait quelque chose de stupide, comme heurter une auto stationnée, un poteau ou une porte vitrée. Drôle de coïncidence, mais tout en parlant, j'ai heurté le rétroviseur d'un camion stationné. On a tous éclaté de rire, mais en réalité, j'ai trouvé ça plutôt gênant.
—Ryan B.

Un faux pas

Quand j'étais en quatrième année, mon amie et moi, on a fait les épreuves de qualification en athlétisme. On courait autour de la piste, lorsque quelqu'un m'a crié de faire attention. J'étais occupée à regarder derrière moi pour voir où était mon amie et je n'ai pas écouté. Soudain, j'ai trébuché sur quelque chose et heurté le lampadaire. C'était assez humiliant, mais en plus, quand je suis entrée en classe après le dîner, tout le monde s'est mis à rire. J'ai découvert, deux heures plus tard, qu'ils riaient à cause de mes cheveux. J'avais eu chaud en courant, et j'avais deux couettes en l'air, comme des cornes de diable! C'en était fini de moi en quatrième année.

—Nichole L.

Comment briser la glace

Quand j'avais huit ans, mes parents m'ont inscrite à un camp d'été de hockey. Le problème, c'est que tous les autres joueurs étaient des garçons! J'étais très nerveuse avant la première partie. Je voulais leur montrer que les filles peuvent jouer au hockey aussi bien que les garçons. Mais les choses ne vont pas toujours comme on veut. J'avais revêtu mon équipement avant que mon père revienne du travail. Il est revenu tellement tard, que la partie était commencée quand on est arrivés à l'aréna. On s'est glissés dans le vestiaire désert et on a rapidement attaché mes patins. Au coup de sifflet suivant, mon père a ouvert la barrière. Le bruit a attiré l'attention de tout le monde. J'ai mis les pieds sur la glace avec l'intention de patiner gracieusement jusqu'au banc. Malheureusement, on avait oublié d'enlever mes protège-lames! J'ai perdu le contrôle et je me suis effondrée. Tout le monde riait. J'ai rampé jusqu'à la barrière et hors de la glace. Quand je suis enfin revenue en patinant, j'ai entendu des applaudissements et des bravos. Je suis allée jusqu'au banc et je me suis assise. J'ai fait un but au premier tour, et plus personne n'a mentionné mon moment le plus embarrassant!

—Maia K.

Une bonne façon de se servir de sa tête

Je vais vous raconter une histoire, et vous allez dire : « Je suis contente que ça lui soit arrivé à elle et pas à moi. » Je jouais au spirobole. J'ai fouetté la balle très fort comme je le fais souvent, mais cette fois-ci, elle est revenue vers moi, m'a frappée à la tête, et m'a fait perdre l'équilibre. Je suis tombée sur un garçon pas mal beau, et tout le monde riait et me demandait comment j'allais. Le pire, c'est que tout le monde a vu ça.

—Moyia P.

Est-ce qu'il existe un badge pour ça?

Cet été, je suis allée en Suisse avec les Guides. Un jour, pendant qu'on attendait à un arrêt d'autobus, j'essayais de sortir quelque chose du sac que je portais. Il était tellement pesant (la moitié de mon poids) que je n'arrêtais pas de reculer. J'essayais de garder mon équilibre, mais j'ai trébuché sur un autre sac et je suis tombée par en arrière, mon sac toujours sur le dos! Heureusement, mon dos était protégé. Je ne me suis pas blessée, mais j'ai trouvé ça vraiment gênant parce que

tous les gens qui passaient en voiture ou à pied, et tous ceux qui attendaient l'autobus m'ont vue!
—Catherine M.

Chute aux noces

Quand j'avais neuf ans, j'ai été bouquetière au mariage de ma tante. Je suivais la mariée, mais je n'ai pas remarqué que le plancher était mouillé. J'ai glissé et je suis tombée. Quand je me suis relevée, j'ai perdu ma blouse, et j'étais toute sale. Tout le monde me regardait en riant. J'avais le goût de pleurer, mais ma mère m'a serrée contre elle. Elle m'a parlé et a réussi à me calmer assez pour que je reprenne ma place dans le cortège.
—Wathahi:ne K.

Une série d'incidents malheureux

Après avoir passé une bonne partie de la journée devant la télé, mon père et moi, on est allés à notre librairie préférée. En arrivant, j'ai couru vers ma rangée favorite de la section des enfants. J'ai feuilleté quelques livres, puis j'en ai choisi un sur la tablette du haut. Les livres étaient bien rangés… mais pas pour longtemps. Eh oui, ils me sont tous tombés sur la tête, les uns après les autres. Tous les livres de cette tablette! Ça n'aurait pas vraiment été gênant si personne ne m'avait vue. Mais tout le monde me regardait!
—Madeleine C.

C'est exactement ce que je voulais faire

Je jouais au hockey, et un de mes coéquipiers a été hors-jeu. Je voulais frapper la glace avec mon bâton, mais j'ai accroché mes patins et j'ai fait un tour de 360 degrés (c'est quand tu pivotes dans les airs). J'ai atterri sur le derrière, près du banc de l'équipe adverse. Les spectateurs riaient, et mes coéquipiers aussi! Sur le coup, je n'ai pas aimé ça, mais quand j'y repense, je trouve que c'était drôle.

—Josh G.

Mal de tête automatique

Ma mère, mon frère et moi, on était allés au cinéma. En sortant, ma mère et mon frère ont pris les devants. J'ai voulu faire la fine et j'ai appuyé sur le bouton qui ouvre les portes automatiquement pour les personnes en fauteuil roulant. La porte s'est ouverte, et j'ai commencé à sortir. Tout à coup, il y a eu un coup de vent, qui a refermé la porte. Elle m'a frappée en plein front. Ding! C'est exactement le bruit que ça a fait, selon ma mère. Elle et mon frère ont bien ri de moi. C'était tellement gênant.

—Victoria P.

Du cœur au ventre

En camping avec ma famille, un été, j'ai dit à beaucoup de monde que j'étais le meilleur cycliste! Puis je suis allé faire une randonnée à bicyclette en me disant

que c'était une belle journée, mais j'avais tort. En descendant une grosse côte, j'ai perdu le contrôle et je suis tombé. Je me suis éraflé le ventre. Puis il a commencé à pleuvoir. Les gens qui passaient me disaient : « Tu ferais mieux de te relever, si tu peux ». Alors, je me suis relevé et je suis retourné au camping. Toute ma famille a pouffé de rire. J'ai ri aussi, puis je suis retombé. Alors, là, ils ont éclaté de rire. C'était tellement gênant, j'aurais voulu disparaître.
—Cyrus D.

Comme des dominos

Quand j'étais en quatrième année, je suis allée à une fête d'anniversaire dans un club de gymnastique. Dans nos sacs à surprises, il y avait un formulaire d'inscription pour le club. J'ai demandé à mon père si je pouvais essayer, au moins pour une journée, et il a accepté. Vers la fin du cours, on a fait une course à obstacles : sauter par-dessus une chose, rouler par-dessus une autre. Au troisième tour, j'ai vu la fille devant moi faire une culbute avant et j'ai décidé de faire la même chose. Je me suis accroupie et j'ai roulé. Le matelas était trop court! J'ai frappé la fille devant moi, qui a heurté la fille devant elle et ainsi de suite… On aurait dit des dominos. Quand on a eu fini de tomber, toutes les filles se sont relevées et m'ont jeté un regard noir. Je me suis relevée aussi, j'ai souri et haussé les épaules. Je ne suis jamais retournée à ce club. J'avais trop peur de faire encore quelque chose de bizarre.
—Veronica K.

Rouler à sa perte

J'étais sortie faire du patin à roues alignées. Il y avait des adolescents qui passaient, et j'ai voulu les impressionner. J'allais faire une pirouette, mais j'ai trébuché sur une fente dans le trottoir, je suis tombée dans la rue et j'ai failli me faire frapper par une voiture. C'était tellement gênant que je suis rentrée dans la maison en courant. Depuis ce jour-là, ces adolescents rient de moi, chaque fois qu'ils me rencontrent.
—Allison S.

Comme un poisson hors de l'eau

J'étais allée pêcher avec ma cousine Pam et mon oncle Homan, à leur camp d'été, au Labrador. Nous avons pêché pendant deux heures sans prendre un seul poisson. Quand nous sommes rentrés, Pam a sauté hors du bateau pour l'empêcher de frapper le quai. Je me préparais à descendre aussi quand Pam a tiré sur la corde pour approcher le bateau. Je suis tombée à la renverse. Tout s'est passé comme au ralenti. Le banc a amorti ma chute. Je ne pouvais pas arrêter de rire. Pam et mon oncle Homan se tordaient de rire. On a chargé notre équipement de pêche à l'arrière du camion. Pam et moi, on s'est installées à l'arrière, et mon oncle Homan a pris le volant, mais moi, j'étais encore debout. Mon oncle croyait qu'on était bien assises et a démarré. Je suis retombée sur le dos. Je n'ai jamais vu quelqu'un rire comme Pam a ri, ce jour-là.
—April K.

Regarde-moi, maman!

Je m'en allais au parc avec ma mère, à bicyclette. J'ai descendu une côte à toute vitesse. Je me suis retourné pour dire : « Regarde-moi, maman! » Soudain, j'ai heurté un lampadaire. J'ai fait une culbute par en avant, et passé par-dessus mon vélo! C'était vraiment gênant, mais je n'ai pas pu m'empêcher d'éclater de rire.

—Tyrone B.

Les mauvaises journées

Est-ce qu'il t'est déjà arrivé d'avoir une mauvaise journée? Tu sais, une de ces journées où tout va de travers et où tu souhaiterais être resté dans ton lit? Tout ce qu'on peut dire de ces mauvaises journées, c'est qu'elles doivent finir à un moment donné, et que les choses ne peuvent que s'améliorer. La prochaine fois que tu auras une de ces journées, pense à ces jeunes et dis-toi que les choses pourraient être pires...

Est-ce qu'on se connaît?

Un jour, je devais aller au centre commercial avec mon amie Krystel. On avait convenu de se rencontrer à 14 h 30. Tout s'est bien passé jusqu'à ce que je prenne une autre fille pour Krystel. J'ai l'habitude de lui donner une grande tape sur les fesses quand je la rencontre. Comme je croyais que cette fille était Krystel, je lui ai donné une tape sur les fesses. La fille s'est retournée et m'a fusillée du regard en disant : « Pourquoi tu m'as fait ça? » J'étais trop gênée pour répondre. Je me suis empressée de retourner à l'endroit où je devais attendre Krystel, un endroit où la fille ne pourrait plus me voir.
—Marie-Eve M.

Minou!

Mon amie m'avait invitée à sa fête d'anniversaire. Je m'ennuyais et je me sentais délaissée, alors j'ai commencé à jouer avec le chat. Il est monté à l'étage, et je l'ai suivi. Puis il est entré dans une des chambres. C'était la chambre de la mère de mon amie. Je suis entrée à quatre pattes derrière lui. La mère de mon amie était debout dans la penderie, toute nue. Elle m'a aperçue et s'est vite excusée. J'étais tellement gênée que j'ai dévalé les escaliers. Personne n'a jamais rien su, sauf la mère de mon amie et moi. Je n'ai jamais rien dit à mon amie tellement je trouvais ça gênant.

—Jana L.

Fonds secrets

Ma mère et moi, on rentrait à la maison en voiture et on a décidé d'arrêter à la station-service pour acheter une gâterie. J'avais quatre pièces de vingt-cinq cents dans la main. J'ai décidé de me servir une barbotine. En essayant de mettre un couvercle sur mon verre, j'ai échappé mes pièces de monnaie dedans! Elles sont allées directement au fond. J'ai plongé la main dans le verre pour les récupérer. Le commis me regardait. Si j'avais eu d'autre argent, j'aurais laissé les pièces là, mais je devais payer ma barbotine. Je ne voulais pas la jeter non plus. J'ai donc récupéré mes pièces, je les ai mises dans ma poche et j'ai mis le couvercle sur le verre. J'ai fait comme si de rien n'était et j'ai remis les vingt-cinq cents légèrement bleutés et collants au commis. Il les a jetés dans la caisse, et je suis sorti en courant.

—Adam P.

Collé au poteau

Un jour d'hiver, un garçon nommé Aaron et son frère Jeremy voulaient s'amuser. Jeremy a mis Aaron au défi de mettre sa langue sur un poteau glacé. Aaron ne pouvait pas refuser un défi, alors il s'est exécuté. Mais quand il a voulu retirer sa langue, elle était collée! Alors, il a tiré rapidement. Plus tard, il a découvert qu'il lui manquait quelques papilles gustatives. Chaque fois qu'il sortait la langue, les gens pouvaient voir qu'il lui manquait quelques petites bosses au milieu. Vous l'avez sûrement deviné, le garçon nommé Aaron, c'était moi, et j'ai toujours de la difficulté à goûter certains mets épicés.
—Aaron M.

Suspendue dans les airs

J'allais jouer dans un parc avec mes amies. On a voulu prendre un raccourci. Au lieu de contourner une clôture, on a décidé de grimper par-dessus. Mes amies sont passées en premier et ont commencé à s'éloigner, pensant que je les suivais. Mais mon capuchon est resté pris dans la clôture. J'ai essayé de me déprendre, mais je n'y arrivais pas parce que j'étais suspendue comme un épouvantail. J'ai appelé mes amies à l'aide, et quand elles m'ont vue, elles ont ri de moi.
—Tami W.

Masque de raton

J'étais chez mon père pendant un jour de juillet. J'ai décidé de me baigner avec mes amis. Je suis allé

chercher mes lunettes de natation. J'ai passé plusieurs heures dans la piscine avec les lunettes sur le nez. Quand on est sortis de la piscine, je les ai enlevées. Mes amis m'ont regardé et se sont mis à rire. J'ai couru me voir dans un miroir. J'avais l'air d'un raton laveur à cause du soleil et de la forme des lunettes! Et le lendemain, ce n'était pas encore parti!
—Briar D.

Hé, p'tit gars!

Je venais de me faire couper les cheveux très court. J'étais à la station-service avec mon père. Il m'a montré comment mettre de l'essence dans le réservoir, puis il est entré pour aller chercher de l'argent. Soudain, j'ai entendu le préposé annoncer dans le haut-parleur : « Hé, p'tit gars, lâche la pompe. Tu es trop jeune. » Mais je suis une fille! Tout le monde s'est arrêté pour me regarder. J'aurais voulu mourir.
—Stacey D.

Les canards attaquent

Je revenais avec ma famille de nos vacances à Vancouver (C.-B.). On s'est arrêtés au Minter Gardens, près de Chilliwack. On faisait une promenade agréable dans les jardins, lorsque j'ai remarqué plusieurs gros canards dans un enclos. Tout excitée, je me suis approchée de la clôture et j'ai crié : « Coin, coin! » Un des canards s'est précipité sur la clôture en sifflant très fort. Les gens autour de moi ont ri. Au retour, nous sommes repassés près du même enclos. Je n'ai rien dit,

mais les canards en colère se sont approchés de la clôture encore une fois.
—Alyssa M.

Tout trempé

On assistait au tournoi de hockey de ma sœur. Avant que la partie commence, ma mère m'a donné de l'argent pour que j'achète quelque chose à boire. Je voulais un chocolat chaud, avec de la crème fouettée. J'attendais dans la file, et je pouvais entendre ma mère et ses amies crier. Je savais qu'on gagnait, alors je voulais retourner à mon siège au plus vite. Des enfants jouaient à la tague, et il y avait beaucoup de monde. Puis un groupe de jeunes est passé près de moi en courant, et c'est là que s'est produit mon moment le plus gênant. J'ai levé mon chocolat chaud par-dessus ma tête pour ne pas le renverser, mais les jeunes m'ont accroché le bras, et je me suis retrouvé avec le lait au chocolat fumant et de la crème fouettée sur la tête. Ma mère et ses amies ont ri en me voyant. J'ai couru aux toilettes, parce que je ne voulais pas qu'on me voie.
—Kevin B.

La grande évasion

Un jour, quand j'avais quatre ans, je suis allé chez Canadian Tire avec ma mère pour acheter des ampoules. À l'entrée, il y avait des tourniquets, avec des barreaux. Comme j'aime essayer tout ce que je vois, j'ai voulu vérifier si ma tête pouvait passer entre les barreaux. J'en ai profité pendant que personne ne faisait attention à moi. Ma tête passait sans difficulté. Alors, j'ai pensé que le reste de mon corps allait passer aussi. Je me trompais! Avec beaucoup d'efforts, j'ai réussi à passer mes épaules. J'ai essayé encore et encore, mais je n'arrivais pas à passer le reste de mon corps. Je me suis rendu compte que j'étais pris. J'ai essayé de reculer, mais c'était impossible. C'est alors que ma mère m'a aperçu, et quand elle a vu que j'étais coincé, elle a eu un choc. Elle a voulu m'aider, mais ça n'a fait qu'empirer les choses. Des gens s'approchaient pour voir ce qui se passait. Quelques minutes plus tard, un gros homme est arrivé derrière moi. Il a tiré tellement fort que, d'un seul coup, il m'a libéré. Je l'ai remercié et je suis allé retrouver ma mère. Depuis ce jour-là, je me tiens loin des tourniquets.

—Adam G.

Plaidoyer contre les balançoires à bascule

Je déteste les balançoires à bascule. Un jour, je jouais au parc avec des amis. Hailey et moi, on était sur la balançoire à bascule. Hailey m'a fait remonter beaucoup trop vite, et je me suis cognée sur la poignée. Je me suis mise à pleurer, et tout le monde me dévisageait. C'était tellement gênant que je suis rentrée à la maison en pleurant. Quand je me suis regardée dans le miroir, j'ai vu un gros bleu sur mon menton. J'ai dû aller à l'école comme ça! Les gens me regardaient d'une drôle de façon.

—Caitlin R.

Par-dessus la tête

Il y a une mare à canards à côté du Parlement de Victoria. En me penchant pour regarder les canards, je

suis tombée dans la mare. Les canards se sont enfuis, et je suis ressortie couverte de boue et d'algues. Tout le monde me regardait. C'est arrivé quand j'avais six ans, et c'est toujours le moment le plus gênant pour moi.
—Lauren R.

Un peu de piquant

J'étais à la plage avec ma famille et je buvais une boisson gazeuse au raisin. Tout à coup, une guêpe s'est glissée dans ma cannette. Je ne l'ai pas vue, et quand j'ai pris une gorgée, elle m'a piquée sur la langue. Ça a fait vraiment mal. Je criais et je pleurais, et tout le monde me regardait. Après quelques instants, ça ne faisait plus aussi mal, mais ma mère a mis dessus un liquide qui contient un peu d'ammoniaque. Ça faisait plus mal qu'avant! C'était encore plus gênant que la piqûre parce que je courais partout en criant et en pleurant.
—Bethany R.

La parade des pingouins

Un matin très, très froid, il a fallu que ma mère me crie que j'allais manquer mon autobus pour que je me décide à me lever. J'ai enfilé des vêtements qui traînaient sur le plancher, j'ai mis mon blouson, et je suis sortie de la maison en courant. Une fois à l'école, j'ai décidé de faire mieux et de me présenter tôt en classe. Je suis arrivée la première, j'ai accroché mon blouson et je me suis assise. Pendant le cours de mathématiques, l'enseignante m'a demandé d'aller faire un problème au tableau. Tous les élèves se sont mis à rire. J'avais mis ma culotte avec des petits pingouins noirs et des cœurs sous un pantalon blanc. Tout le monde pouvait voir mes petits pingouins! J'ai porté mon blouson pour le reste de la journée.

—Juliette W.

Panique sur la scène

Ce n'est déjà pas drôle d'avoir l'air ridicule devant des membres de sa famille et des amis. Mais qu'est-ce qu'on peut faire quand c'est devant un gymnase rempli d'étrangers? À en juger par les histoires reçues, les spectacles semblent être le théâtre de bien des situations embarrassantes. Alors, la prochaine fois qu'on te demandera de participer à un spectacle à l'école, assure-toi que ta braguette est fermée, que tes souliers sont bien lacés, et garde les tacos pour plus tard...

Dans le derrière

L'école montait un spectacle musical, et tous les élèves devaient avoir un rôle. Un garçon appelé Steve et moi, on devait jouer l'âne pour une chanson à propos d'un âne. On a tiré au sort pour décider qui serait à l'arrière, et j'ai perdu! Je ne pouvais rien voir dans cette position; alors, on a répété tous les mouvements avant le spectacle. À la première représentation, Steve s'est arrêté au mauvais moment! Je l'ai heurté, et on est tombés. On a réussi à quitter la scène, mais toute l'école nous a vus! Je ne jouerai plus jamais dans un spectacle.

—Shannon R.

Du thé, madame?

Il y avait une réunion à l'école pour discuter d'une levée de fonds. Le présentateur cherchait des volontaires pour monter sur la scène et gagner un prix. J'ai essayé de passer inaperçue et je n'ai pas levé la main. Mais c'est quand même moi que le présentateur a choisie. J'avais le visage brûlant tellement j'étais gênée, mais il y a eu pire. Il m'a demandé de chanter « Je suis une petite théière » devant toute l'école! Je ne voulais pas gagner de prix, mais je ne voulais pas avoir l'air d'une peureuse, non plus! Depuis ce temps-là, tout le monde à l'école m'appelle « la théière »!
—Tara K.

Chante bien fort

Mon moment le plus embarrassant s'est produit le premier jour où j'ai chanté dans la chorale de l'école. J'étais toute mêlée, et j'ai commencé à chanter le refrain à tue-tête au mauvais moment. Ça n'aurait pas été si mal, si je n'avais pas choisi le moment où Suzie, qui a deux ans de plus que moi et la plus belle voix de toute la chorale, devait faire son solo. Tout le monde a ri, sauf Suzie et la directrice de la chorale, qui n'ont pas trouvé ça drôle. Je n'ai pas chanté une seule note pendant les deux semaines qui ont suivi!
—Andrea B.

Le soulier... euh... spectacle... doit continuer

Je participais à un spectacle avec ma troupe de danse ukrainienne. Cette année-là, j'avais une nouvelle paire de souliers de danse. Ils étaient un peu trop grands pour moi. J'ai fait au moins trois numéros. J'étais au milieu d'une danse rapide, le Hopack, quand j'ai senti qu'un de mes souliers glissait de mon pied. J'étais un peu inquiète, mais je me suis dit que ce sont des choses qui arrivent et que tout allait bien se passer. J'ai continué à enchaîner les pas de danse, tape, pied, genou, pied, et soudain, mon soulier s'est envolé et est allé atterrir parmi les spectateurs. Ça a été le moment le plus embarrassant de toute ma vie, du moins jusqu'à maintenant!
—Kayla C.

Ce n'était pas au programme

Après plusieurs semaines de répétitions, toute l'école était prête pour le concert de Noël. Tous les élèves de ma classe connaissaient leur rôle par cœur et avaient bien hâte de monter sur scène. J'étais nerveux et je regrettais d'avoir mangé des tacos en vitesse avant le concert. Tout a bien été quand ma classe a fait son numéro, mais il restait encore la grande finale. Après vingt minutes, tous les élèves sont montés sur la scène! Quand on a été tous placés, j'ai commencé à me sentir mal. Je me sentais bizarre et j'avais chaud à cause des projecteurs. Les spectateurs nous regardaient et prenaient des photos. Le grand moment est arrivé, et on s'est mis à chanter. J'avais la bouche grande ouverte pour chanter, mais j'ai vomi sur la scène. Tous les élèves ont reculé, horrifiés. Je ne me sen-

tais pas bien, mais j'étais surtout terriblement gêné. Je
sais maintenant qu'il ne faut jamais manger de tacos
avant de monter sur scène.
—*Errol V.*

La reine de la danse

Il y avait un concours amateur à mon école et,
bien entendu, ma meilleure amie voulait qu'on fasse un
numéro de danse ensemble. Je n'aimais pas tellement
l'idée parce que je suis très gênée, mais j'ai décidé de le
faire. Rien ne pourrait arriver dans un petit concours amateur? Eh bien, je me trompais. On passait les premières,
et j'étais très nerveuse. Notre musique a commencé à
jouer, et on se débrouillait assez bien. Soudain, le bouton
de mes jeans s'est détaché. Mes jeans sont tombés. Et pire
encore, je portais mes sous-vêtements Barbie!
—*Jilleen K.*

Vous avez trois — hic! — vœux

Le moment le plus embarrassant de ma vie s'est
produit au cours de mon récital de ballet, l'année passée.
J'étais déguisée en génie, et on était onze sur scène.
J'avais presque fini mon numéro quand j'ai eu le hoquet!
Tout le monde s'est mis à rire. C'était très gênant!
J'espère que ça n'arrivera pas encore cette année!
—*Rebecca M.*

La vidéo la plus drôle du Canada

On avait préparé une petite pièce pour le cours de religion du dimanche. J'étais le dernier à parler. J'étais rendu au milieu quand ma mère est montée sur la scène pour fermer ma braguette! C'était tellement gênant! J'ai voulu courir pour sortir de scène et j'ai trébuché. Le microphone m'est tombé sur la tête. Je me suis relevé et j'ai couru à mon siège. J'étais aussi rouge qu'une tomate. Vous pouvez me croire parce que c'est vraiment arrivé. Mon père a même capté toute la scène sur vidéo!
—Alexander K.

Le soulier d'attaque

Il y avait un récital dans le gymnase de l'école. Tout le monde était là. Toute ma famille et mes amis étaient venus voir ma classe de deuxième année danser le « Hokey Pokey ». On a mis notre pied gauche en avant, et on a mis notre pied gauche en arrière, puis on l'a remis en avant et on l'a secoué dans tous les sens. Juste à ce moment-là, le directeur est entré dans le gymnase. Tout le monde aime le directeur. J'ai secoué mon pied tellement fort que mon soulier s'est envolé et est allé atterrir sur sa tête! Ce n'était pas beau! Tout le monde s'est arrêté de danser, et il y a eu un long silence. Quand on a vu que le directeur n'avait rien, tout le monde s'est mis à rire de moi.
—Sarah M.

D'habitude, on applaudit seulement

Ma grand-mère nous a amenés à un concert, mon frère et moi. C'était un genre de chorale. Tout allait bien quand tout à coup, j'ai échappé mon programme, à la fin d'une des chansons. Quand je me suis penchée pour le ramasser, j'ai pété... juste à un moment où c'était vraiment tranquille. Mais heureusement, seulement quelques personnes m'ont entendue.

—Rebecca B.